Matthias Gundel

Kreativitäten und Denkwaren

Band 2

Impressum

Bibliografische Information der Deutschen Nationalbibliothek:
Die Deutsche Nationalbibliothek verzeichnet diese Publikation in der Deutschen Nationalbibliografie; detaillierte bibliografische Daten sind im Internet über http://dnb.dnb.de abrufbar.

© 09/2022 Matthias Gundel

Cover: Martina Gundel

Herstellung und Verlag:
BoD – Books on Demand, Norderstedt

ISBN:
978-375681-873-0

Gemeinsam erleben,
gemeinsam zueinanderstehen,
gemeinsam alles meistern,
gemeinsam den Lebensweg
gehen.
Das macht dich vor allen
Unwägbarkeiten stark und
unverwundbar.

Kreativitäten und Denkwaren – Band 2

Entdecke dein Ziel im Herzen, mach dich auf den Weg und verfolge es mit starken und aufrichtigen Gedanken.

Lass uns mal

… über den Augenblick nachdenken,
ohne die Zeit in die Zukunft zu lenken,
den Gedanken Aufmerksamkeit schenken.

… die Zeit anhalten,
die Sorgen andere verwalten
und den Moment besonders gestalten.

… nach vorne schauen,
mit Optimismus Luftschlösser bauen
und sich endlich etwas trauen.

… das Leben leben
mit Genuss und Freude eben,
davon gern was abzugeben.

Heute ist

… ein Tag,
den ich besonders mag.
Zeit ist hier,
drum triumphier
ich mit dir
wie ein Tier
auf großer Au
und ehe ich noch schau,
machen wir die Stunde
in froher Runde
zu einem Event
und wer uns kennt,
der weiß:
Es sind nicht die großen Worte,
auch keine Erdbeersahnetorte,
es ist das kleine Glück,
von dem ein Stück
mehr als Himmel auf Erden ist.
Und bevor du es vergisst:
es gibt genug zu erleben,
du brauchst nur deinen Blick zu erheben.

Dankbarkeit

… es ist nicht nur ein Wort,
es ist gar kein einfacher Ort,
es ist viel mehr Gefühl der Extraklasse
und erhebt sich von der breiten Masse.

Oft wird es leider vergessen,
drum sage ich es ganz angemessen:

Denkt daran, wenn es passiert
und sag es besser ungeniert.

Dankbarkeit ist das Gebot der Stunde,
nicht nur da macht es Runde.

Dankbarkeit im Leben,
was dir als Richtung angegeben.

Hab diese stets klar im Blick,
sie ist ein Teil vom Lebensglück.

Glaube

Es ist nicht gut,
wenn man sich vertut.
Manches ist nicht erfreulich,
sogar mehr abscheulich.
Du fragst dich dann,
was man machen kann?
Hab festen Glauben,
wie die Schrauben
in der Mutter
oder auf am Kutter
alles in Butter.
Es ist gut zu wissen,
dass Glaube ganz viel schenkt,
Hoffnung und Zuversicht lenkt.
Also lass ihn in dein Herz,
es ist niemals ein Scherz.
Glaube tut du dir gut,
hab nur Mut,
diesen zu leben
und anderen was dazuzugeben.

Hoffnung

Wir machen's nicht wie Kartenspielen,
wir brauchen auch nichts zu dealen.

Im Spiel bin ich selten Gewinner,
doch hier, was noch viel schlimmer:
Üb dich nie in Selbstbetrug,
sei vielmehr immer wieder klug.

Nimm Gelegenheiten war
und fang nicht an und spar.
Leben ist nicht unendlich,
mach dir das erkenntlich.

Die beste Zeit heute,
machen wir uns Freude.

Klappt es einmal nicht sogleich,
sind wir nicht minder reich.

Hoffnung ist ein starkes Stück
und geht mit dir zum Glück.

Nein, es ist wahrlich kein Test,
halten wir an der Hoffnung fest.

Charakterstärke

Ich backe wirklich gern,
vom Kuchen bis zum Zimtstern.
Wenn auch nur als Assistent,
der sich nicht verrennt.

Rezepte gibt es wie Gras im Garten.
Man könnte nahezu immer starten.
Zutaten muss man gut dosieren,
sonst könnt man sich voll verlieren.

Genauso ist es auch im Leben.
es ist ein Nehmen und ein Geben.
Rezepte findet man da nicht,
schon gar kein Fertiggericht.

Die richtigen Bestandteile wählst du selbst
und ehe du in Gedanken verfällst,
sei dir geraten,
wähl durchdachte Backzutaten.
Charakterstärke ist dabei keine,
aber eine feine
Nuance im Ganzen.
Daher lass sie tanzen
und bring sie täglich mit ein.
Es wird dir gut und wichtig sein.

Zuversicht

Im Trubel der Zeit
macht sich auch mal Unsicherheit breit.

Da ist was Wahres dran,
lassen wir sie nicht zu sehr an uns ran.

Aber dann:
Freuen wir uns lieber der unbeschwerten
Stunden
und der unvergesslichen Augenblicke.

Kurzum: Den Genuss des Lebens.
Lässt sich das nicht gestalten,
so soll die Zuversicht walten
und unsere Visionen bestens erhalten.

Es ist die Frage

… wie wir darüber denken.
… ob wir darüber denken.
… warum wir darüber denken.
… was wir darüber denken.

… der Weisheit.
… der Vernunft.
… der Einsicht.
… des Kompromisses.

… vor allem der Anschauung.
… vor allem der Einstellung.
… vor allem der Notwendigkeit.
… vor allem der Beständigkeit.

Daher merke dir:
Nicht das Problem macht etwas schlecht,
sondern der Umgang damit bringt dir
vielleicht eine Phase negativer Momente.
Alles muss vergehen.

Tatsache

Teil eins: Was ist
Es ist zu viel, zu schnell, zu nervig, zu
abgehoben, zu übertrieben, meist zu wichtig
und immer nur eine Frage der Zeit, wann
alles wahr wird.

Teil zwei: Was wird
Es wird hoffentlich besser, weniger,
ruhiger, beständiger, nicht alles gegessen
(weil es dann doch meist zu heiß ist) und vor
allem vernünftiger.

Teil drei: Was wird nicht
Es wird nicht aufhören, nicht immer da
sein, trotzdem es nicht für die Ewigkeit ist,
nicht komplett weg gehen.

Fazit: Sieh der Tatsache ins Auge, bringe
sie so in dein Leben, dass du noch Freiheit
und Luft zum Atmen hast.

Pass auf dich auf!

Sehnsucht

Im Frühjahr erblüht die Natur.
Im Sommer lebt die Natur.
Im Herbst ruht die Natur.
Im Winter schläft die Natur.

Worauf wartest du eigentlich?
Auf den Wechsel der Jahreszeiten oder
darauf, dass alles besser oder anders wird?

Hab Sehnsucht in deinem Herzen, folge ihr
und lass sie jeden Tag aufs Neue stets ein
Stück deiner Nähe spüren.

Du machst das schon.

Erinnerungen

Nicht erst in späten Jahren
mögen sich deine Gedanken scharen
um all die Erlebnisse,
leider auch manch unschöne Ergebnisse.

Es ist doch viel besser zu sehen,
die Bilder zu verstehen,
die nicht mehr vergehen,
weil sie waren wunderschön.

Schaff dir möglichst viele Zeiten,
die dir immer wieder Freude bereiten,
dich ein Leben lang begleiten
und glücklich deinen Weg beschreiten.

Erinnerungen sind ein Paradies,
welches wie ein Bach dich umfließ´,
dich nicht mehr los ließ
und keinen Tag vermies.

Hab Freude!

Ich wünsche mir

Das Herz soll offen sprechen.
Gewohnheiten auch mal aufzubrechen.
Ungewöhnliches erleben,
Glück in den Himmel zu heben.

Dass ich immer bei dir bin,
sonst macht das Leben keinen Sinn.
Stets an alle mit zu denken,
die mir ihre Wertschätzung schenken.

Zeit sinnvoll einzuteilen
und nicht im Trübsinn zu verweilen.

Erlebnisse zu duplizieren,
sich dabei nicht genieren.

Träume auch mal auszuleben
und dir alles zu geben,
was du auch willst,
weil du meine Sehnsucht stillst.

Weniger von Not und Sorgen,
die darf man ruhig an die Zeit verborgen.
Vergisst sich diese dann,
sind wir zum Glück gut dran.

Ich wünsche dir

Alle deine Hoffnungen mögen sich erfüllen
und nicht in dichten Nebel hüllen.

All deine Ziele sollst du erreichen
und diese mögen niemals verbleichen.

All deine Träume dürfen sich erfüllen
und verweilen nicht länger in bloßen
Hüllen.

Alle deine Pläne sind ganz konkret,
dafür brauchst du keinen Prophet.

All deine Zeit sei wohl erhalten,
Ärger und Sorge stets weggehalten.

Ich wünsche dir:
Glück, Zuversicht und Liebe.
Sie sollen niemals sein deine Diebe.

Was es noch zu sagen gibt

Bedenke bitte: Es ist kein Spiel.
Manchmal ist es selbst der Worte zu viel,
oft sind Gedanken vorhanden,
die ich weiß in ihre Schranken.

Deine äußere Welt übertreibt,
nichts mehr von Vernunft übrig bleibt.
Lernen wir Abstand mit Augenmaß,
bevor der Wahnsinn einen zerfraß.
Es ist bei weitem echt kein Spaß.
Weder voll, noch leer das Glas.

Hören wir unsere innere Stimme,
die so manches Schlimme
wie der Schalter das Licht verdimme.
Sieh aber trotzdem nicht weg
oder verkriech dich in dein Versteck.
Überlege: Lass ich's heran?
Wenn ja, steh ich mit vollem Gespann,
klar wird es irgendwann.

Lass den Geist nicht verzerren
oder Meinungen gar einsperren.
Sei mutig heut und hier,
wie ein Stier.
Das rate ich dir.

Keine Ahnung

Manche haben viel davon,
selbst wenn man einen Berg erklommen.
Es hat dann doch nicht viel gebracht
und dazu wäre es auch gelacht,
wenn man Fortschritte hat gemacht.

Was ist also dann zu tun?
Am besten 1000 Schritte gehen
und versuchen, niemals stillzustehen.
Wer nur auf einem Stand verweilt,
oftmals die Lethargie ereilt.

Machen wir weiter
und sehen heiter,
wie die Erfahrung reicher
und das Wissen größer
wird schon alles seine Logik haben
und an einen Gedanken könnt ich laben:
Hab 100 % Souveränität,
auch wenn kein Können dahinter steht.
Nur so lass uns als Profi suggerieren
und jede Unsicherheit verlieren.

Es kommt

… doch immer was dazwischen.
Es ist doch wie beim Fischen.
Hast du die Angel ausgelegt
und du die Freude vorgelegt,
kann es sein, es klappt doch nicht.
Nehmen dies nicht mit zu viel Gewicht,
viel mehr mit Optimismus an,
dass es nur besser werden kann.

Allerdings nicht irgendwann,
sondern genau dann,
wenn du dich fragst:
Wann beißt der Fisch nun an?

Meist anders als gehofft
und ist dann doch so oft
sinnvoll und gut
also sei auf der Hut.

Nimm´s mal mit Gelassenheit,
dann ist das Glück nicht mehr weit.

Gib nie auf wie der Steinmetz, der auch erst nach hundert Schlägen Erfolg hatte.

Verpasse im Leben nicht,
dass du glücklich bist.

Es ist stets erbaulich,
wenn bestimmte Prozesse
immer weiter reifen.

Wunschträume darf man in sein Herz schließen, aber leben muss man in der Realität.

Bevor du etwas sagst,
denk´ bitte nach, ob es
auch zufällig das ist, was
du denkst.

Das Herz gibt dem Leben die Farbe.

Sehen wir alles mit viel mehr Liebe.

Da Worte nicht immer treffend sind, sollte vielleicht eine Gedankenpause einmal weiterhelfen.

Sternstunden machen dein Leben hell. Mit lieben Menschen an deiner Seite läuft alles doppelt so gut.

Manches ist vielleicht nur ein paar Straßen weiter und wartet nur darauf, entdeckt zu werden.

Jeder Augenblick, an dem man die Zeit vergessen hat, ist ein unvergessliches Erlebnis.

Man macht immer das Richtige, auch wenn es falsch ist. Aus falschen Dingen lernt man.

Jeder Tag hält etwas
Gutes bereit.

Man muss nur abwarten
können.

Erinnerungen stärken dein Herz und deine Seele.

Warum geschieht es?

Hat bestimmt seinen Sinn.

Wenn es auf den ersten Blick keinen hat, dann sicher auf dem zweiten.

Wie man denkt, so ist man.

Wenn man weiter so denkt, dann bleibt man.

Schöne Zeiten kann man leider nicht konservieren, aber den Gedanken daran fest in uns verankern.

Das schenkt ein langfristiges Glücksgefühl.

Machen wir uns nichts vor, machen wir lieber auch nichts nach.

Wenn es geht, machen wir am liebsten das, was uns gut tut.

Du darfst ihr begegnen.

Sei offen und mach dich frei.

Deine Gefühle erheben sich bis zur Unendlichkeit.

Danke, dass es dich gibt.

Die Liebe.

Es muss nicht immer groß sein.

Es muss nicht immer viel sein.

Es darf auch gerne klein und bescheiden sein, aber es macht dich zu etwas Besonderem.

Dein Glück.

In dieser Welt ist es nicht gerade leicht, diese zu spüren und meist wird alles auch noch überdeckt.

Auch aus einer Raupe wird am Ende ein wunderschöner Schmetterling.

Habe Zuversicht.

Ein Geschenk, eine unerwartete Situation oder gar die Erfüllung eines langfristigen Zieles.

Es bringt dich weiter, es bringt dich voran. Sei bitte wachsam, manchmal kommt alles unerwartet und spontan.

Liebe Grüße von deiner Überraschung.

Dein Geist erinnert sich gerne daran, wenn sie unvergessen und erbaulich sind.

Sollte es das Gegenteil sein, so lass dich bitte nicht entmutigen.

Gehe mittenrein und mach auch bei Trübsinn etwas daraus, meint das Erlebnis.

Warum tränkst du deinen Geist mit warmen und schönen Worten?

Warum siehst du immer einen Weg?

Warum weißt du, was gut und was schlecht ist?

Ganz einfach: Du hast Hoffnung in deinem Herzen.

An deiner Seite bin ich stark und sicher.

Nichts steht zwischen uns und keiner bringt unsere Verbundenheit ins Wanken.

An deiner Seite will ich über mein Leben hinaus für immer sein.

Weißt du, was eines der größten
Wundermittel im Leben ist?

Lass dein Herz sprechen, denn
es hat immer die passende und
richtige Antwort auf die großen
und kleinen Lebensfragen parat.

Streichen kann man vieles, manchmal auch die Wände in deinen Zimmern.

Verstreichen lassen ist in so manchen Augenblicken eine passende Lösung.

Was du nicht vergessen darfst: Lass den schönen Moment nicht verstreichen, denn dieser wird dir kein zweites Mal geschenkt.

Im Leben sollte man stark genug sein, um im Moment den Schatten der Vergangenheit hinter sich und gleichzeitig die Strahlen der Zukunft nicht zu hell erscheinen zu lassen.

„Da draußen ist es schön.“, dachte sich der kleine Vogel und nahm einen ersten Anlauf, um durch die Luft zu fliegen.

Tatsächlich war es zu beeindruckend und der kleine Vogel fliegt nun genussvoll täglich seine Runden.

Wird es besser oder schlimmer fragt sich der Geist ganz bestimmt immer.

Doch was am Ende übrigbleibt, ist der Gedanke, dass alles weitergehen wird. Also lassen wir der Augenblicke genügend Zeit. Vielleicht überlegen sie es sich nochmals (anders).

Nicht alles wird ….. ,

aber wenn möglich, lassen wir es uns ……. ,

denn dann wird mehr…….. als wir letztendlich gedacht haben.

Gut gehen!

Hätte ich gestern alle Träume
erfüllen können, wäre ich morgen nur
eine Hülle meiner Visionen.

Würde ich heute alle Träume erfüllen
können, gäbe es vielleicht keine
neuen Ziele.

Mit Gelassenheit gehen wir Träume
an und bleiben diesen immer
verbunden.

Wenn ich letzte Woche alle
Fragen von dieser Woche
beantwortet hätte, wären die
Unklarheiten von morgen schon
der Nebel der aktuellen Stunde.

Machen wir es wie der kluge
Käfer und sagen uns „Vielleicht
nehme ich mir das vor" und
lassen die Geduld zu Wort
kommen.

Es ist wichtig zu wissen, wer du bist.

Noch wichtiger ist zu wissen, was du willst.

Am wichtigsten zu wissen ist, wohin die Reise geht.

Hast du Vertrauen,
kannst du dich ruhig was trauen.

Du darfst dies gerne aufbauen,
nur lass es nicht durch schlechte
Gefühle aufstauen.

Freue dich, wenn es am Ende klappt
und gib nicht auf, wenn du mehr Zeit
brauchst als gewünscht.

Steinig, holprig und nicht immer geradlinig mögen die Wege sein.

Gerade deshalb, weil es so ist, lohnt es sich, diese zu gehen. Du findest immer eine Kostbarkeit, die dich wachsen lässt.

Gedanken, Gefühle, Worte darf
und sollte man einmal fallen
lassen.

Du schenkst mir diese
Hängematte, die mich auffängt
und den Halt im Leben gibt.

Alles andere wäre nur ein
Wettlauf um Sorge und
Kummer.

Schätzen wir unsere Gabe, mit dem tiefsten Inneren zu sprechen. Es weiß alle Antworten und Lösungen auf deine Bedürfnisse.

Ich wünsche dir die nötige Stille und ausreichend Raum, um diese einmalige Erfahrung zu machen.

Spannen wir eine ausreichende Portion Mut an das Segel unseres Schiffes und stechen wir in See.

Deine Seele möge dir immer die notwendige Stärke bei Wind und Gegenwind geben, damit du auch bei unruhigem Gewässer nicht den Halt verlierst.

Oftmals bedarf es nicht vieler Worte, wenn man sich seiner eigenen Haltung klar und bewusst ist.

Umso mehr wünsche ich dir, dass du immer die passende Melodie in der Sinfonie deines Lebens spielst.

Sie können schwer, wie Wolken über dich hängen.

Sie können wie ein Karussell um dich herum kreisen.

Sie können genauso gut deinen Tag hell und dein Leben zum Leuchten bringen.

Nach dem Winter erblüht auch wieder die Natur, meint der Gedanke.

Vieles braucht der Mensch nicht.

Neben Gesundheit, Liebe und Zufriedenheit darf der Zusammenhalt nicht fehlen.

Das trägt dich über so manche Talsohle hinweg und lässt den Horizont in seiner Schönheit erkennen.

Schwermut erdrückt,
Leichtigkeit verliert
Bodenständigkeit.

Getragen von deinem Herzen
gehe ich gestärkt in den neuen
Tag.

Was auch immer kommen mag,
du bist bei mir – wenn auch
vielleicht nur in meinen
Gedanken.

Nicht alles muss erledigt sein.
Wir kommen sonst nicht dazu,
uns zu erholen oder lassen
geliebte Menschen im
Wartezimmer Platz nehmen. Je
mehr Dinge erledigt werden,
desto mehr neue kommen hinzu.
Vergiss das nicht!

Seien wir mehr geduldiger.

Ohne Geduld ist das Leben
frustrierender.

Erwarte nicht, dass alles unseren
Vorstellungen entspricht.

Mancher Gedanke darf auch
ruhig mal davonlaufen.

Schon mal überlegt:

Manches mag nur ein Test sein, denn sonst würde einem klar gesagt, wohin die Reise geht und was man genau tun soll.

Der Meister macht die Übung so
oft, bis diese verinnerlicht wurde.

Üben wir uns in Herzenswärme,
Gelassenheit und Mitgefühl –
sind sicherlich Versuche wert.

Keine Frage der Art und Weise
und kein Thema wo und wann.

Es wünscht sich jeder und darf
auch erreicht werden.

Mach dich bereit, damit dieser
geschieht. Sagt dein Erfolg!

Von innen wie von außen
werden die Einflüsse laufen.
Glück und Wohlergehen kann man nicht
kaufen.
Lass uns daher mal verschnaufen
und die Gedanken kurz lenken,
um aufs Wesentliche zu beschränken.
Du allein weißt, was du willst
und bevor du die Sehnsucht killst,
lieber deine Träume stillst.
Gerne deine Lieben daran erbauen
und freudig in die Zukunft schauen.
Bitte darauf vertrauen,
dass der Weg das Ziel
und verlang nicht allzu viel!

Die Zeit oftmals verrinnt,
bevor man sich auch nur besinnt.

Ist der Tag schon vorbei
und es ist einerlei,
schon kein Einheitsbrei.

Nein, bei genauer Betrachtung
Verdient der Gedanke Beachtung.

Es geht dabei um Dankbarkeit in allen
Lebenslagen.

Danke, dass ihr bei mir wart.
Danke, dass ihr bei mir seid.
Danke, dass ihr bei mir bleibt.

Nähe und Geborgenheit wünscht
sich jeder allezeit.

Doch aufgepasst, liebe Leut´!
Ich sag's euch heut´
mit großer Freud,
damit ihrs überall verstreut.

Hab Herzenswärme im Gepäck
und nicht im geheimen Versteck.

<u>Danksagung</u>

Von ganzem Herzen danke ich meiner Frau Martina für das mittlerweile traditionelle Titelbild in seiner einzigartigen Besonderheit.